Inhalt

Klinikmarkt - Mit Kooperation und Markenbildung aus der Misere

Kernthesen

Beitrag

Fallbeispiele

Zahlen und Fakten

Weiterführende Literatur

Impressum

Klinikmarkt - Mit Kooperation und Markenbildung aus der Misere

Anja Schneider

Kernthesen

- Träger deutscher Krankenhäuser sind Länder bzw. Kommunen, freigemeinnützige und private Betreiber.
- Die Finanzlage der öffentlichen Krankenhäuser verschlechtert sich, in diesem Jahr wird jedes zweite Krankenhaus in Deutschland rote Zahlen schreiben.
- Im Trend nehmen die Marktanteile der privaten Anbieter zu, christliche Träger verbünden sich als Überlebensstrategie, kommunale Betreiber gehen Kooperationen

mit geeigneten Partnern ein.
- Krankenhäusern werden die Bildung einer Marke und eine moderne Kommunikationsstrategie empfohlen.

Beitrag

Der deutsche Klinikmarkt im Überblick

2 045 Krankenhäuser mit 502 000 Betten gibt es in Deutschland (Stand 2011, Angaben der Deutschen Krankenhausgesellschaft). Zusammen versorgen sie achtzehn Millionen stationäre Patienten und ebenso viele ambulante Behandlungsfälle pro Jahr mit rund 1,1 Millionen Mitarbeitern und erzielen einen Jahresumsatz von rund 83 Milliarden Euro. Die Krankenhausstatistik der Deutschen Krankenhausgesellschaft zeigt, dass die Anzahl der Krankenhäuser seit Jahren rückläufig ist. Einen abfallenden Trend weisen auch die Bettenanzahl, die Bettenauslastung, die Belegungstage und die Verweildauer der Patienten auf. Nur die Fallzahlen steigen. In den Krankenhäusern arbeiten mehr Ärzte, dagegen immer weniger nichtärztliches Personal. In Summe ist die Zahl der Beschäftigten rückläufig,

auch wenn 2009 bis 2011 wieder ein Anstieg zu verzeichnet war. Die Statistik zeigt auch, dass Reha-Einrichtungen rückläufig sind, medizinische Versorgungszentren zunehmen und ambulantes Operieren auf dem Vormarsch ist. Mit 60 Milliarden Euro im Jahr 2011 bilden die Krankenhäuser den größten Block bei den Ausgaben der Gesetzlichen Krankenkassen mit über 35 Prozent. Bei den Privaten Krankenkassen sind es 6,7 Milliarden Euro bei 26 Prozent der Gesamtausgaben. (1)

Diverse Herausforderungen für Krankenhausträger

30,4 Prozent der Kliniken tragen Länder und Kommunen, 36,5 Prozent sind in der Hand von freigemeinnützigen Trägern und 33,2 Prozent gehören privaten Betreibern. Deren Anteil ist in den vergangenen Jahren deutlich gestiegen, öffentliche und freigemeinnützige Trägerschaften werden dagegen weniger. Die Prognos-Studie Krankenhauslandschaft 2020 nennt zusammengefasst folgende Herausforderungen, die alle Krankenhausträger zu meistern haben: die Fallzahlentwicklung, den Fachkräftemangel, die Öffnung der ambulanten Versorgung für Kliniken im Bereich spezialisierter Leistungen, den Ausbau und die Verbesserung sektorübergreifender

Versorgungsstrukturen sowie die Konzentrationsprozesse des Krankenhausmarktes, die Generierung neuer Finanzierungspotenziale und die Optimierung von Organisationsstrukturen durch ein handlungsfähiges Krankenhausmanagement. Der Weg in die Zukunft führt laut Prognos über starke Verbünde, verbindliche Kooperationen und eine gestärkte Investitionskraft. (2)

Öffentliche Krankenhäuser in der Schuldenfalle

Die Finanzlage der öffentlichen Krankenhäuser verschlechtert sich. In diesem Jahr wird jedes zweite Krankenhaus in Deutschland rote Zahlen schreiben, befürchtet die Deutsche Krankenhausgesellschaft (DKG). 2011 war es noch jedes dritte. Die Kosten für Personal, Verbrauchsgüter, Energie und Haftpflichtversicherungen steigen stetig, das derzeitige Finanzierungssystem des Gesundheitswesens schafft keinen angemessenen Ausgleich. Seit 2006 sind die Tariflöhne in deutschen Krankenhäusern um 15,9 Prozent gestiegen, die Beträge, die die Krankenhäuser für ihre Leistungen erhalten, aber nur um 8,7 Prozent. Die Investitionszuschüsse sind zu gering, ein Investitionsstau ist die Folge, Umbauten, Neubauten und Sanierungen bleiben aus.

Zahlungsverzögerungen und Zahlungsverweigerungen der Krankenkassen strapazieren die Liquidität der Kliniken. Besonders belastet sind die Universitätskliniken. Die zuständigen Politiker sollten dringend Abhilfe schaffen, fordern unter anderem die DKG und kommunale Spitzenverbände. Angesichts der Rekordergebnisse der gesetzlichen Krankenkassen im vergangenen Jahr, seien jetzt die finanziellen Mittel vorhanden. (3), (4)

Private Klinikkonzerne: Fusion Helios und Rhön gescheitert

Obwohl sich die Zahl der Krankenhäuser seit Jahren verringert (von 1991 bis 2010 um 14 Prozent), sind die privaten Klinikkonzerne der Ansicht, dass noch immer zu viele Kliniken am Markt sind. Sie sind überzeugt, dass auf mittlere bis lange Sicht noch weitere öffentliche Häuser privatisiert werden, weil sie dem Finanzdruck auf Dauer nicht standhalten können. Tritt das Szenario ein, werden die Marktanteile der privaten Anbieter weiter zunehmen. Im vergangenen Sommer 2012 bemühte sich Fresenius um eine Übernahme der ebenfalls privat betriebenen Rhön-Kliniken. Doch der Plan, damit den größten deutschen Klinikbetreiber mit zusammen rund 36 000 Betten und einem Jahresumsatz von 5,5 Milliarden

Euro zu formieren, ging nicht auf. Die Übernahme scheiterte, Fresenius hält die Augen offen für neue Kaufgelegenheiten. Damit bleibt es dabei, dass in Deutschland im Wesentlichen fünf private Klinikkonzerne im Wettbewerb stehen: das Rhön-Klinikum AG (Bad Neustadt), die Fresenius Helios Kliniken GmbH (Berlin), die Asklepios Kliniken GmbH (Hamburg), die Sana Kliniken AG (München) und die Schön Klinikgruppe (Prien am Chiemsee). Die Helios-Kliniken gehören zum Healthcare-Konzern Fresenius. Helios hat 75 Krankenhäuser und 31 Medizinische Versorgungszentren (MVZ). 2012 erreichten die Kliniken einen Umsatz von 3,2 Milliarden Euro (plus 20 Prozent). Dabei wurden die Übernahmen der Damp-Gruppe und des Katholischen Klinikums Duisburg aus dem Vorjahr wirksam. Die geplante Rhön-Übernahme scheiterte und kostete 35 Millionen Euro. Zur Rhön-Klinikum AG gehören 53 Kliniken und 39 MVZ. 2012 stieg der Umsatz auf 2,86 Milliarden Euro (plus neun Prozent). Probleme im Klinikum Gießen-Marburg drückten auf den Gewinn (minus 43 Prozent). [(5)](), [(6)](), [(7)](), [(8)](), [(9)]()

Christliche und kommunale Verbünde

Kooperation ist auch bei den christlichen Krankenhausträgern angesagt. Der am Markt herrschende Konzentrationsprozess geht an ihnen nicht vorbei. Sie wollen wachsen, gut geführt sein, an Effizienz zulegen, Kosten sparen, ihre Stärken gezielt einsetzen und politisch an Einfluss gewinnen. Ihre Stärken liegen in der Aus- und Weiterbildung von Ärzten und Pflegepersonal sowie in der patientennahen Versorgung, das bescheinigt ihnen die Prognos-Studie Krankenhauslandschaft 2020. Schon heute bilden über zwei Drittel der kirchlichen Träger aus, dagegen nur jede fünfte private Klinik. Mit 32 000 Ausbildungsplätzen leisten die christlichen Krankenhäuser einen überdurchschnittlichen Beitrag zur Ausbildung in den Pflegeberufen. Zunehmend bündeln evangelische und katholische Häuser auf regionaler und lokaler Ebene ihre Kräfte und erweitern ihr Leistungsangebot. Es gibt mittlerweile eine ganze Reihe von Beispielen für ökumenische Kooperationen von christlichen Kliniken. Auch kommunale Krankenhäuser wählen einen Zusammenschluss als Überlebensstrategie. So läuft beispielsweise in Hessen eine Verhandlung des Landes mit Städten und kreisfreien Städten darüber, kommunale Kliniken in eine Holding einzubringen. (2), (10)

Zunehmender Wettbewerb erfordert Markenpositionierung

und Kommunikationsstrategie

Der wirtschaftliche Druck auf die Kliniken hält also an. Alle arbeiten an der Optimierung von Fallzahlen und Auslastung. Kostensenkung bleibt ein Gebot. Der Qualitäts- und Leistungswettbewerb nimmt zu. Gutes Fachpersonal ist rar. Zwar altert die deutsche Gesellschaft, was quasi automatisch Patienten in die Krankenhäuser und Reha-Einrichtungen spült, doch die Patienten werden wählerischer, wenn es Krankheit und Finanzen erlauben. Sie informieren sich besser, verlassen sich nicht mehr ausschließlich auf den Rat des Arztes, in welches Krankenhaus sie gehen. Sie recherchieren im Internet, ziehen die Noten und Kommentare in Bewertungsportalen ins Kalkül, wollen die bestmögliche Behandlung, wollen Kunde statt Patient sein. Kliniken und Reha-Einrichtungen sind heutzutage gut beraten, die Qualität ihrer medizinischen Leistung für Patienten, Personal, Besucher und andere Interessengruppen erlebbar machen. Ein Krankenhaus, dem es gelingt, eine attraktive Marke zu entwickeln, wird sich im zunehmenden Qualitäts- und Leistungswettbewerb im Klinikmarkt besser behaupten können. Reale Qualität aufbauen, sich differenzieren und verständlich so informieren, dass alle Patienten sich dort behandeln lassen wollen - das wäre bei der strategischen Markenpositionierung für Krankenhäuser angesagt. Eine gut durchdachte und professionell gemachte Kommunikationsstrategie wird wichtiger. Lokale Tageszeitungen verlieren in der Kommunikation mit den potentiellen Patienten/Kunden an Relevanz. Über die Webseite hinaus lassen sich Suchmaschinenmarketing, Social Media sowie Content Marketing einsetzen, um Expertise zu vermitteln. Gute Beispiele gibt es bereits, doch noch sind es wenige. [(11)](), [(12)](), [(13)]()

Trends

Outsourcing von Laborleistungen

Als eine Option zur Kostensenkung und gleichzeitigen Verbesserung von Serviceflexibilität und Qualität gewinnt die Auslagerung von Laborleistungen an große Laborketten offenbar an Bedeutung. Bei der Auswahl des Outsourcing-Partners muss das Klinikmanagement genau prüfen, mit welchem Partner eine qualitativ hochwertige, langfristig zuverlässige Zusammenarbeit möglich ist, denn die Laboratoriumsmedizin ist ein sehr sensibler Bereich. Nach einem Konsolidierungsprozess haben sich mittlerweile fünf große Laborgruppen herausgebildet, die überregional tätig sind und sich etwa die Hälfte des deutschen Marktes teilen: Limbach, Synlab, Sonic Healthcare, LADR und amedes. (14)

Fallbeispiele

Kommunale Kliniken in Hessen verbünden sich

In Hessen werden sich möglicherweise 18 kommunale Krankenhausträger in eine Holding einbringen. Die Kommunen sollen über einen Zweckverband vertreten bleiben und sechs Prozent an dem Unternehmen halten. Eine "staatsferne" Stiftung soll die übrigen 94 Prozent halten und die Holding beaufsichtigen. Die Verhandlungen laufen. Ausgeklinkt hat sich die Gesundheit Nordhessen Holding (GNH), ein großer kommunaler Klinikkonzern in Kassel; er fürchtet eine Bad Bank. (10)

Evangelische und Katholische Krankenhäuser verstärken gemeinsame Aktivitäten

Für gelebte Ökumene finden sich im Klinikmarkt mittlerweile etliche Beispiele. Der Deutsche Evangelische Krankenhausverband (DEKV) und der Katholische Krankenhausverband Deutschland

(KKVD) verstärken unter dem Label Christliche Krankenhäuser in Deutschland (CKiD) ihre gemeinsamen Aktivitäten. Sie stehen für rund 640 Krankenhäuser und Kliniken, etwa 270 000 Beschäftigte und rund sechs Millionen Patienten im Jahr. In Brandenburg haben sich zehn katholische und evangelische Krankenhäuser zum Verbund christlicher Kliniken zusammengeschlossen. Mit dem "Klinikum Mittelmosel" ist ein neues Verbundkrankenhaus aus einem evangelischen und katholischen Träger entstanden. Seit 2005 arbeitet das Flensburger Diakonissenkrankenhaus mit dem St. Franziskus-Hospital eng zusammen. (2), (15)

Neuem Manager gelingt Sanierung eines öffentlichen Hauses

Ein Beispiel für eine gelungene Sanierung sind die Kreiskliniken Darmstadt-Dieburg. Das kommunale Haus hatte 2007 noch 320 Betten (also mittelgroß) und steckte in den roten Zahlen mit einem Defizit von vier Millionen Euro. Mit einem neuen Manager kam Schwung in die Kliniksanierung. Jetzt werden Patienten wie Gäste behandelt, es gibt ein zentrales Belegungsmanagement, die Chefarzttruppe hat ein Teambuilding durchlaufen, das Personal schätzt flexiblere Arbeitszeiten, alle profitieren von Investitionen in Top-Technik und neuen medizinischen Bereichen. Das Ergebnis: schwarze

Zahlen, Gesamterlös plus 40 Prozent, 440 Betten, 180 neue Vollzeit-Stellen. (16)

Beispiele für Strategische Markenpositionierung und Social Media Kommunikation

Anbieter, die beim Aufbau einer eigenen Krankenhausmarke mit gutem Beispiel voran gehen, gibt es: in Deutschland beispielsweise das Alfried Krupp Krankenhaus und die Schön Klinik Gruppe, auf dem US-amerikanischen Markt hebt sich die Cleveland Clinic hervor. Seit Dezember 2012 sind die Sana Kliniken im sozialen Netzwerk Facebook und mit einem eigenen Medizin-Blog im Internet vertreten. (11), (17)

Zahlen & Fakten

Eine Untersuchung der Online-Auftritte der Kliniken durch die Vendus-Gruppe und die TU München ergab, dass die Kliniken zwar mit Webseiten im Internet vertreten sind, bei den Social-Media-Angeboten besteht allerdings noch Nachholbedarf:

- 80 Prozent von ihnen sind laut Studie in Facebook mit eigenen Accounts präsent,
- 60 Prozent sind es bei Xing,

- 78 Prozent verfügen über eine Präsenz bei Klinikbewertungen.de,
- knapp die Hälfte der Häuser war mit einem eigenen Film bei YouTube präsent
- jede vierte Klinik hat einen Twitter-Account. (18)

Weiterführende Literatur

(1) Krankenhausstatistik
aus Werben und Verkaufen, 44/2012, S. 38

(2) Christliche Krankenhäuser bündeln ihre Kräfte
aus Management & Krankenhaus vom 05.02.2013, Heft 1-02/2013, Seite 6

(3) Jedes zweite Krankenhaus in der Schuldenfalle vom 11.03.2013
aus Management & Krankenhaus vom 05.02.2013, Heft 1-02/2013, Seite 6

(4) Bund muss bürgernahe kommunale Krankenhäuser finanziell absichern
aus das Krankenhaus Heft 3/2013 S. 308

(5) Helios sieht Klinikmarkt in Bewegung
aus Ärzte Zeitung Nr. 57 vom 28.03.2012, Seite 1

(6) Mega-Fusion von Helios und Rhön knapp

gescheitert
aus Ärzte Zeitung Nr. 119 vom 02.07.2012, Seite 5

(7) Fresenius wartet auf neue Kaufgelegenheiten
aus dapd nachrichtenagentur vom 13.03.2013, 12.13 Uhr

(8) Mit allen Sparten auf der Überholspur
aus Ärzte Zeitung Nr. 38 vom 27.02.2013, Seite 11

(9) Rhön will 2013 beim Gewinn wieder zulegen
aus Ärzte Zeitung Nr. 35 vom 22.02.2013, Seite 15

(10) Kartellrecht kein Problem für Klinik-Holding?
aus Ärzte Zeitung Nr. 23 vom 06.02.2013, Seite 6

(11) Die zehn wichtigsten Irrtümer Oder: Wie strategische Markenpositionierung tatsächlich zum ökonomischen und medizinischen Erfolg beitragen kann
aus KU Gesundheitsmanagement 11/2012, S. 30

(12) Content-Marketing:
aus das Krankenhaus Heft 1/2013 S. 78 - 81

(13) "Bei Social Media ist externes Wissen unverzichtbar"
aus Ärzte Zeitung Nr. 230 vom 20.12.2012, Seite 22

(14) Welche Chancen bieten Laborketten?
aus Management & Krankenhaus vom 05.02.2013, Heft 1-02/2013, Seite 30

(15) Vier Häuser für ein Hallelujah

aus Management & Krankenhaus vom 11.12.2012,
Heft 12/2012, Seite 1

(16) Kliniksanierung: Auferstanden aus Finanzruinen
aus Ärzte Zeitung Nr. 167 vom 20.09.2012, Seite 22

(17) Sana Kliniken: Online-Dialogplattform gestartet
aus das Krankenhaus Heft 1/2013 S. 90

(18) Der Masterplan für Social Media fehlt den
meisten Kliniken noch
aus Ärzte Zeitung Nr. 230 vom 20.12.2012, Seite 22

Impressum

Klinikmarkt - Mit Kooperation und Markenbildung aus der Misere

Bibliografische Information der deutschen Nationalbibliothek

Die Deutsche Nationalbibliothek verzeichnet diese Publikation in der deutschen Nationalbibliografie; detaillierte bibliografische Daten sind im Internet über http://dnb.d-nb.de abrufbar.

ISBN: 978-3-7379-2783-3

© 2015 GBI-Genios Deutsche Wirtschaftsdatenbank GmbH, Freischützstraße 96, 81927 München, www.genios.de

Alle Rechte vorbehalten. Dieses Werk ist einschließlich aller seiner Teile – z.B. Texte, Tabellen und Grafiken - urheberrechtlich geschützt. Jede Verwertung außerhalb der Grenzen des Urheberrechtsgesetzes bedarf der vorherigen Zustimmung des Verlags. Dies gilt insbesondere auch für auszugsweise Nachdrucke, fotomechanische

Vervielfältigungen (Fotokopie/Mikroskopie), Übersetzungen, Auswertungen durch Datenbanken oder ähnliche Einrichtungen und die Einspeicherung und Verarbeitung in elektronischen Systemen.